Paul Pfefferkorn

Wie man Schüler zwiebelt

Leitfaden für ratsuchende Pädagoginnen und Pädagogen

(insonderheit des Gymnasiums, aber auch anderer Lehranstalten)

Ärztlich empfohlene Anregungen zur Streßreduzierung

Die Deutsche Bibliothek - CIP - Einheitsaufnahme
Pfefferkorn, Paul
Wie man Schüler zwiebelt. Leitfaden für ratsuchende Pädagoginnen und Pädagogen. Ärztlich empfohlene Anregungen zur Streßreduzierung/ Paul Pfefferkorn -
Bad Homburg: Zwiebel-Verlag 1996
ISBN 3 - 9805120 - 0 - 2

Originalausgabe Juni 1996

Druck: Offset Druck Ginnheim, Frankfurt / Main
Printed in Germany
ISBN 3 - 9805120 - 0 - 2

Vorwort

Liebe Kollegin, lieber Kollege,

wahrscheinlich sind auch Sie hin und wieder in den letzten Wochen aus der Schule nach Hause gekommen, haben sich die Haare - sofern noch vorhanden - gerauft und sich gefragt: „Was hätte ich da nur machen können?“

Wieder mal hat sich im Unterricht oder auf dem Hof etwas abgespielt, was Sie nicht erwartet hatten - schon gar nicht sich gewünscht. Perplex waren Sie, vielleicht nur für Sekunden. Doch entscheidende Sekunden! Denn Sie konnten nicht reagieren, nicht so jedenfalls, wie Sie es gut gefunden hätten. Meist fällt Ihnen die „richtige Antwort“ ja im nachhinein noch ein. Aber „wer zu spät kommt, ...“ lautet bekanntermaßen die staatsmännische Strafandrohung des letzten Präsidenten eines untergegangenen Weltreiches.
Und so kommen wir schon zum Aller-

wichtigsten, was unser pädagogischer Beruf erfordert: ein ganz, ganz großes Repertoire an Verhaltensmöglichkeiten. Auch Überblick und Schnelligkeit gereichen dem modernen Pädagogen durchaus zum Vorteil, doch wem frommts, wenn immer die gleichen ollen Kamellen aus der engen Westentasche gezerrt werden? Die Pädagogin und der Pädagoge wissen: Auch Abwechslung kann Respekt einflößen und Ruhe stiften. Je breiter der Fundus, desto besser! Je mehr Möglichkeiten, desto größer die Sicherheit.

Deshalb dies Werk. Es enthält eine ganze Latte von Tips und Tricks, um die sich Heerscharen von Fachleiterinnen und Fachleitern herumdrücken, ja die sie zum Teil nicht einmal kennen! Was in diesem Buche seinen wohlverdienten Platz gefunden hat, ist nicht am grauen Schreibtisch zusammenphantasiert, sondern hundertfach erprobt und hat für so manche Erleichterung und gute Laune gesorgt. Vor allem auf Lehrerseite.

Auch Schülerinnen und Schüler können dieses Buch erwerben, was schließlich die Auflage nur steigern könnte. Es ist jugendfrei und in aller Regel nach den Maximen der (noch) herrschenden Orthographie und Interpunktion abgefaßt, alles in allem also unbedenklich.

Von daher werden auch das Amtsblatt des Kultusministers sowie Marcel Reich-Ranicki und seine literarische Doppelkopfrunde mittelfristig nicht um eine wohlwollende Besprechung und eine eindeutige Empfehlung herumkommen!

Apropos Empfehlung: Lesen Sie dieses Buch und testen Sie die Ratschläge!

Und wenn es Ihnen zusagt, dann kaufen Sie weitere Exemplare, und verschenken Sie sie an Freunde und Freundinnen!

Und wenn es Ihnen absolut nicht gefällt, dann beschenken Sie reichhaltig damit jene Menschen, die Sie nicht ausstehen können!

Und sollten Sie weitere nützliche Vorschläge für eine zweite, gründlich erweiterte Auflage beisteuern wollen, so schreiben Sie bitte an den Verlag.

Der Verfasser

Einleitung

„Auch mit einem wesentlich weniger kumpelhaften Verhältnis zu seinen Schülern hätte Herr S. in seinem Unterricht brauchbare Ergebnisse erzielen können".
Mit diesem vernichtenden Lob wurde mein Freund nach anderthalb Jahren Referendariat von seinem Fachleiter in die Arbeitslosigkeit geschickt. „Kumpelhaft" ist vielleicht nicht das treffende Wort, aber doch eher partnerschaftlich wünsch(t)en sich sehr viele Lehrerinnen und Lehrer die Atmosphäre im Unterricht. Nur leider, leider haben sie meist über Jahre die mitunter schmerzhafte Erfahrung gemacht, daß die meisten Klassen und Kurse ein derartiges Angebot nicht verkraften. Es als Schwäche ansehen und mißbrauchen, mitunter verachten. Dies hat sicher vielfältige Gründe und manchmal von seiten des Lehrers eine traurige Konsequenz: den Rückfall in einen stinkautoritären Unterricht. Solch Jammertal ist breit und tief, und es ist ganz gewiß nicht daran

gedacht, es mit den Ratschlägen dieses Buches zu verfüllen.

Um etwas anderes geht es: In unserem Beruf sind wir Tag für Tag (und auf Klassenfahrten auch schon mal nächtens) mit einem schier unendlichen Spektrum allzu menschlicher Verhaltensweisen konfrontiert. Zu deren Beantwortung reicht unser von Knigge bis Hartmut von Hentig angelesenes und verinnerlichtes freundliches Potential allein nicht aus. Höflichkeit und der Versuch, partner-partnerschaftliche Beziehungen zu entwickeln, greifen eben dort zu kurz, wo des Schülers Neugier nun mal unbedingt wissen will, wo der Barthel den Most holt.

Es ist durchaus ein bitteres Kapitel, daß diese Frage nach dem Barthelschen Getränkehandel meist den Kolleginnen und Kollegen gestellt wird, die den Weg dorthin nicht genau genug kennen oder nicht schnell genug vermitteln können. Wer hingegen - um es positiv zu formulieren -

seinen Klassen und Kursen deutlich einleuchtende Grenzen signalisiert, hat viel größere Gefilde, nicht nur, um Wissen zu vermitteln, sondern auch, um in entspannterer Atmophäre die angenehmen Seiten der Arbeit mit Kindern und Jugendlichen zu entdecken.

Doch ein„*Das geht aber nicht, was Du da machst!*“ oder die Drohung „*Wenn Ihr Euch so verhaltet, dann werde ich...*“ sollte eher runtergeschluckt werden, als eine leere Versprechung bleiben. Dies ist hinreichend beschrieen und beschrieben worden.

Was allerdings getan werden kann, davon steckt noch unter dem Fingernagel manches erfahrenen Lehrers mehr als in der gesamten pädagogischen Literatur. Und die amtlichen Erlasse über disziplinarische Maßnahmen taugen in diesem Zusammenhang noch weniger als ein Rettungsring zum Einüben von Schwimmstilen.

Des Pudels Kern: der Unterricht

„Die Kunst der Pädagogik beruht auf einem guten Verhältnis, u. U. sogar einem Vertrauensverhältnis zwischen Lehrer und Schüler“, schreibt Kollege A. So weit, so gut.

Was aber nun, wenn eine Klasse oder ein Kurs diese Grundregel leichtfertig ignoriert und lauthals in den Wind schlägt. Vertrauen will dann umso mehr erarbeitet sein, mitunter bitter erkämpft. Vertrauen darf auf gar keinen Fall im Getöse und Tohuwabohu untergehen.

Die Klasse ist ungeheuer laut, wie erreiche ich bloß eine ruhige Arbeitsatmophäre ?

Denken Sie positiv, und werten Sie die Lautstärke als vorhandene Energie, die es zu nutzen gilt. Eine lärmende Klasse hat viel Kraft für die Arbeit im Unterricht.

Lassen Sie also diesen Schrei nach Arbeit nicht ungenutzt verhallen. Sie müssen nicht gleich mit der Tür ins Haus fallen und die Lerngruppe sofort mit schriftlichen Arbeitsaufträgen beglücken. Allerdings sollten Sie den Schülern die Alternative glasklar verdeutlichen: In ruhiger Atmosphäre läßt vieles sich mit Euch mündlich erarbeiten, wenns zu laut ist, muß geschrieben werden. Auch für eine Hausaufgabe im Anschluß an die Stunde bzw. Doppelstunde ist meist Gelegenheit genug.

Bleibt es laut, sammeln Sie die schriftlichen Arbeiten ein und verschaffen Sie sich ein Bild vom Leistungsstand der Klasse. Wenn die Zeit zur Korrektur nicht reicht, genügt eine Note per Überblick. Packen Sie Ihre Schülerinnen und Schüler dort, wo sie sehr gut erreichbar sind: bei ihrer Bequemlichkeit. Kurzfristig kann dies Mehrarbeit für Sie selbst bedeuten - schon mittelfristig wird sichs auszahlen.

Eigentlich arbeiten die meisten im Unterricht schon mit, aber vieles wird doppelt gesagt, weil kaum jemand richtig zuhört.

Kollege R. praktiziert ein simples, wirkungsvolles Verfahren: er läßt zeitweise, falls notwendig auch über längere Strecken hinweg, die Schülerinnen und Schüler die Beiträge derer kurz zusammengefaßt wiederholen, die direkt vor ihnen selbst das Wort hatten.
Probieren Sie dies einfach mal. Und wenn Sie merken, daß immer nur der allerletzte Beitrag gespeichert wird, dann fragen Sie einen Ihrer Aktivisten auch schon mal nach der vorvorletzten Stellungnahme seiner Klassenkameradin.

Wann ist diese Klasse endlich mal so ruhig, daß ich pünktlich mit dem Unterricht anfangen kann?

Wenn Sie so fragen, warten Sie

wahrscheinlich bis zum Sankt-Nimmerleins-Tag! Gewiß sollten Sie keinesfalls zu Beginn der Stunde hektisch loslegen, gehen Sies ruhig mit einer halben Minute Besinnung an - das tut allen Beteiligten gut. Aber mehr davon ist - von Ausnahmen abgesehen - von Übel.

Warten Sie nun nicht mehr, aber werden Sie auf gar keinen Fall laut! Akustisch betrachtet sind Sie nämlich in der Konfrontation mit einer Klasse auf gänzlich verlorenem Posten. Machen Sie es sich einfach: Fangen Sie ganz leise redend die Unterrichtsstunde an.

Es wird sofort Ruhe einkehren, wenn die Klasse mit diesem Verfahren vertraut ist, wenn nicht, dann richten Sie die erste, die zweite und die dritte Ihrer Fragen an einzelne der lautesten Schüler, und/oder lassen Sie jedes Mal Schülerbeiträge wiederholen. Und benoten Sie - für alle sichtbar - die Qualität der ersten Beiträge. Sie werden merken, daß dieses Verfahren dann schnelle Erfolge zeitigt und nur wenige Male angewendet zu werden braucht, wenn Sie dies freundlich und konsequent tun.

Gibt es gegen diesen Lärm kein probates Mittel ohne viel Aufwand?

Gibt es. Sie brauchen ein Stück Kreide, und Sie benutzen die Tafel. Machen Sie das Verfahren Ihrer Klasse vorher klar:

„Wenn es zu unruhig ist, ziehe ich einen Strich vom oberen linken Rand der Tafel zum oberen rechten Rand. (Das sind bei einer aufklappbaren Tafel vier Meter.) *Sowie Ihr wieder ruhig werdet, ziehe ich den Strich nicht mehr weiter. Wirds wieder laut, wächst die Linie. Wenn es in der Stunde so laut ist, daß der Strich bis an die rechte Seite der Tafel reicht, haben wir im Unterricht zuviel Zeit verloren. Das müßt ihr dann zu Hause nachholen."*

Das Verfahren hat mehrere Vorteile:

1. Es ist klar wie Kloßbrühe.
2. Sie schonen Ihre Stimme.
3. Die Klasse muß auf Sie achten.
4. Die Schüler ermahnen sich sehr wirksam untereinander.
5. Sie haben Variationsmöglichkeiten, was das Tempo der Linienführung angeht: Sie könnens durchaus rasanter angehen, wenns extrem laut ist, wenn Ihre Nerven ohnehin gespannt sind wie Drahtseile oder wenn Sie meinen, daß die Klasse heute nach einer Zusatzarbeit lechzt.

Aber immer, so Kollege A., der das Urheberrecht an diesem Verfahren besitzt, sollte ganz bewußt auf der linken Tafelseite und auch noch im mittleren Bereich die Linie flotter von der Hand gehen als auf der 'Zielgeraden' ganz rechts zum Ende der Übung hin.

Und gehen Sie wiederum freundlich und konsequent vor. Nicht nur freundlich, wie

Kollege M.: Er zog den ersten Strich, den zweiten, den dritten... Und wenn er heute nicht in Pension ist, dann malt er immer noch...

Wenn ich nicht mehr über die Klasse erfahre, komme ich denen nie bei.

Und weil Sie verständlicherweise nicht dauernd hinter anderen, die die Klasse unterrichten, herlaufen können, bleiben Sie unwissend.

Eigentlich überhaupt nicht nötig. Sie brauchen nur einen halbwegs geeigneten Moment zu erwischen und - besonders dann, wenn Sie die Klassenleitung haben - Ihren Schutzbefohlenen sagen:

„Ich habe in den letzten Tagen wieder mal einiges von anderen Lehrern über Euch gehört. Ich hab mich allerdings schon gewundert! Ich will Euch eines sagen: Ihr hört von mir jetzt erstmal nichts dazu! Das

muß schon alles von Euch kommen! Hier muß einiges geklärt werden! Wer macht den Eisbrecher und fängt an?"

Und dann warten Sie betont freundlich und geduldig...

Die Wahrscheinlichkeit ist sehr groß, daß Sie auch solche Dinge erfahren, von der Ihre Kollegenschar gar keine Ahnung hat.
Kollege G. praktiziert dieses Verfahren seit Jahren mit doppeltem Erfolg: Erstens ist er überaus gut informiert. Und zweitens hat sich, *„weil man in solchen Stunden seine Klasse nie in die Pfanne hauen darf, meist ein recht gutes Vertrauensverhältnis gebildet. Für die Klasse ist das so eine Art Beichte, auch eine Erleichterung."*

Die Klasse ist an sich ja ganz nett, aber was mach ich bloß mit den fünf Chaoten?

Dauerbrenner. Fünf sind meist mehr als

genug, manchmal ist einer schon zuviel. Auch in diesem Falle: Bleiben Sie so ruhig wie nur irgend möglich, und vergrößern Sie die Gruppe der Trottel nicht noch um einen weiteren.

Wenn Schüler Chaos stiften, besitzen sie unangegriffene Reserven, nutzen Sie diese. Geben Sie bereits während der Stunde einzelnen gezielte kleinere, mittlere oder - je nach Bedarf - auch größere Arbeitsaufträge, falls gewünscht auch noch zusätzliche Hausaufgaben. Diese Mehrarbeit für Sie selbst ist höchstwahrscheinlich vorübergehend und schaufelt Ihnen den pädagogischen Blick auf blühende Landschaften frei.

Freundliche Ermahnungen ganz zu Beginn eines solchen Konfliktes sind dabei ebenso wichtig wie ein konsequentes Handeln dort, wo Freundlichkeit nicht ausreicht.

Die Klasse ist nett, und vier von den fünfen machen auch ganz gut mit, aber mit diesem einen Knilch werd und werd ich nicht fertig. Was soll ich nur tun?

Im pädagogischen Zauberhut gibt es viele Kaninchen. Ziehen Sie eines, aber um Himmels willen nicht das, was dieser Knilch grade erwartet! Leichter gesagt als getan! Denn Sie kommen in kaum einem Falle voran, ohne zumindest ansatzweise die Motive unseres Störenfriedes zu kennen.

Ist er durchaus gutwillig, aber nun mal mit einem übergroßen Batzen an Motorik und Akustik gesegnet, so sollten Sie anders ansetzen, als wenn sich jemand chronisch in den Mittelpunkt des Geschehens spielen will.

Im letzteren Falle können eisenharte Nerven gefragt sein. Unter dem Motto: „Gar nicht erst ignorieren“ nehmen Sie ruhig und lässig durchaus alles wahr, aber reagieren Sie äußerst spärlich. Steigen Sie nicht auf jeden Käse ein, die Klasse und Ihre eigenen Nerven werden es Ihnen danken! Schmunzeln Sie allenfalls mal kurz ganz zart in die Richtung dessen, der seit einigen Minuten erwartungsfroh fest mit Ihrem Nervenzusammenbruch rechnet.

Sagen Sie vielleicht eher am Ende der Stunde ganz beiläufig, daß seine mündliche Mitarbeit völlig unauffällig war. Lassen Sie ihn wissen, daß Ihnen andere viel deutlicher aufgefallen sind. In anderen Fällen, z.B. im folgenden kann anderes vonnöten sein.

Was soll ich bloß machen, allein werd ich nie mit dem fertig!?

In solchen Fällen kann es durchaus notwendig sein, ein möglichst engmaschiges und wirksames pädagogisches Netz zu spinnen. Die Klassenlehrerin, der andere Fachlehrer, die Stufenleiterin, die Eltern oder die Schulleitung können von Nutzen sein. <u>*Können*</u>... . Loten Sie vorher aus, wer wirklich ansprechbar und bereit zu handeln ist.

Und dann informieren Sie, oder besser gesagt: Sie *lassen* den betreffenden Schüler selbst informieren, indem er direkt nach einer seiner Störungen, also im Unterricht, einen von Ihnen ihm vorgelegten Brief abschreibt! Legen Sie sich einen bescheidenen Vorrat von vier oder fünf solcher getippter Briefvorlagen zu, etwa nach folgendem Muster:

Sehr geehrte/r Herr/Frau........................
ich möchte Sie auf diesem Wege ohne größeren Zeitverlust darüber informieren, daß das Verhalten Ihres Sohnes/Ihrer Tochter ....im Unterricht erheblich zu wünschen übrigläßt. ....stört recht häufig die gemeinsame Arbeit mit der Klasse, verhält sich zeitweise sehr laut und verfolgt den Unterricht nur mit geringer Aufmerksamkeit. Dementsprechend schwach sind die mündlichen Leistungen.

Auch von den Noten im schriftlichen Bereich her kann von einem Ausgleich nicht die Rede sein.
Trotz mehrfacher Ermahnungen hat sich das Verhalten in den letzten Wochen nicht gebessert. Hiervon wollte ich Sie in Kenntnis setzen und Sie bitten, Ihrem Sohn/Ihrer Tochter deutlich zu machen, daß eine grundlegende Verhaltensänderung dringend geboten ist.
Falls diese nicht eintritt, werde ich Sie in den nächsten Wochen noch einmal anschreiben und zu einem Geprächh in die Schule bitten.
Mit freundlichen Grüßen,

....

(Datum und Ihre eigene Unterschrift)
******

Wir haben von dieser Benachrichtigung Kenntnis genommen:............................
(Unterschriften der Eltern)

Ein solcher Brief kann auch umfangreicher

gestaltet werden. Für den Zeitraum, währenddessen unser Missetäter Ihre Vorlage abkupfert, ist es in aller Regel etwas ruhiger um ihn herum. Erstens muß er schreiben, und zweitens wird er grübeln.

Sind die Eltern nicht ansprechbar, aber der Schulleiter ist es, so modifizieren Sie ein derartiges Schreiben, richten es - am besten natürlich nach vorheriger Absprache - an ihren Chef mit der Bitte, den Überbringer ins Gebet zu nehmen und den Brief demonstrativ zur Schülerakte.

In Frankfurt hat ein Schulleiter seinerzeit derartige Schüler für eine halbe Stunde in seinem edel eingerichteten Arbeitsbereich an eine Sonderaufgabe gesetzt, um die betreffende Kollegin zu entlasten. Diese Maßnahme wirkte einige Monate äußerst positiv nach...

Ich spüre genau, daß das alles nicht reicht, daß ich da noch stärker nachhaken muß? Nur wie!?

Hier wirds schwierig. Denn es gibt disziplinarische Maßnahmen, die von Schülern auch schon mal als Belohnung aufgefaßt werden.

Die Drohung mit einer Versetzung in die Parallelklasse kann äußerst wirksam sein, aber in manchen Fällen beim Schüler auch als die Erfüllung eines langgehegten Wunsches erscheinen.

Der Ausschluß von einer Klassenfahrt ist meist geeignet, Nachdenklichkeit zu produzieren. Stimmts aber mit der Klassengemeinschaft und/oder dem Fahrtenziel nicht, dann schießen Sie womöglich ein Eigentor. Erkundigen Sie sich, oder testen Sie zunächst. Aber drohen Sie nur dann etwas an, wenn Sie auch bereit sind, es wirklich in die Tat umzusetzen.

Wie wirksam Sie vorgehen können, hängt schließlich ganz entscheidend davon ab, welche Unterstützung Sie von Kolleginnen und Kollegen, Eltern, der Klasse, der

Schulleitung und / oder evtl. noch anderen Menschen erhalten.

Manchmal wüßte ich schon genau, was ich tun müßte, aber das darf ich doch nicht, oder ?

Stimmt. Dürfen Sie nicht. Auch wenns manchmal sehr wirksam wäre.
Dem schwäbischen Schulmeister stand vor hundert Jahren noch anerkennend als Grabinschrift geschrieben:
„Ein liebevolles Herz und zwei tatkräftige Hände haben aufgehört zu schlagen."

Diese Zeiten sind vorbei, auch geht der Physiklehrer nicht mehr mit seinem Eleven nach nebenan in die Sammlung, schlägt klatschend mit der flachen Hand auf den Tisch, brüllt dann empört - für die ganze Klasse nebenan deutlich vernehmbar - *„Was? Du schlägst nach mir?!"* Worauf unmittelbar danach ein erneutes Klatschen den Raum erfüllt, diesmal war es nicht der Tisch...

Abteilung Anekdoten. Nicht realiserbar, auch nicht wünschenswert. Auch vor sich selbst im Grunde nicht zu vertreten - selbst wenns eine Klasse manchmal sehr gut verstünde. Und leibhaftige Eltern Tätlichkeiten von seiten der Lehrer erflehen...

Kollegin L. hatte mehr Erfolg mit der Androhung: „Weißt Du was? An der Eichendorffschule hat ein Lehrer 350.-Mark zahlen müssen, weil er einem Schüler eine geknallt hat. Und Dir kann ich nur eins sagen: 700 Mark bist Du mir wert!"

Die Verblüffung des Angesprochenen war grenzenlos, völlig „uncool" nahm sein Verhalten bei der resoluten Kollegin fürderhin spürbar angenehmere Züge an.

Bitte fragen Sie just an dieser Stelle jetzt nicht, ob Sie denn hier etwa was androhen sollen, was Sie inkonsequenterweise dann nicht umsetzen. Ich weiß es nicht. Vielleicht ists die Ausnahme, die unsre Regel braucht. Aber ich weiß es nicht...

Aber in der chaotischen sechsten Klasse, die ich da habe, sitzen im Grunde doch nur alles arme liebe Nasenbären.

Nasenbären? Weit gefehlt, Frau Kollegin! Bereiten Sie sich doch einmal das Vergnügen, am besten am kommenden Dienstag in der zweiten Stunde, wenn die Klasse und Sie noch ganz rüstig sind.
Setzen Sie Ihre allergrößte Unschuldsmiene auf, gewürzt mit einer doppelten Prise Mitleid, und sagen Sie etwa dies:

„Eigentlich seid Ihr ja in Eurem Alter noch viel zu klein, um auch mal etwas gegen jemand anderen durchsetzen zu können. Ihr müßt doch immer nur das tun, was alle anderen von Euch verlangen.“

Und dann warten Sie geduldig ab, welche Abgründe sich Ihnen auftun. Da wird kaum ein Auge trocken bleiben, wenn diese „armen kleinen Nasenbären“ berichten, wie sie sich mit Florett, Degen und Säbel zu

Hause und auf anderen Kampfschauplätzen durchschlagen, welche kindliche Phantasie und Beharrlichkeit da an unseren abendländischen Werten und Institutionen rüttelt.

Dies wird Ihnen ganz sicher helfen, Ihre eigenen Skrupel im richtigen Maßstab zu sehen.

Die Klasse ist nett und könnte eigentlich auch gut mitarbeiten, wenn die Schüler nicht dauernd mit anderem beschäftigt wären.

Martin popelt in der Nase. Monika gähnt herzerweichend ohne Mundschutz, es ist mir ein leichtes, den Schlund hinunter zu spähen und den Eingang zu ihrem Zwölffingerdarm zu orten.

Verena kämmt sich und Claudia nagt die Spitzen ihrer Haare ab. Kampf dem Spliß. Andreas scheint Kleinbiotope im Bereich seiner Haarwurzeln niedermachen zu wollen. Tim gibt mit seinem Bleistift Morsezeichen, vielleicht an seinen Kamerad im Nachbarraum. Maja malt. Tobias trommelt. Karsten kaut. Shirin arbeitet ruhig mit, mit gespitztem Stift - dreimal schon war sie in den letzten zehn Minuten am Papierkorb.

Die Klasse lebt!

Alles unbezahlte Nebentätigkeiten. Wohl kaum ein Affront gegen Sie als Lehrerin oder Lehrer. Aber: Es läppert sich...

1: Nicht die Ruhe verlieren.
2: Eine Mücke ist kein Elefant.
3: Soviel Humor wie möglich, so wenig reden wie nötig.

Meist reicht ein schmunzelnd-fragender Blick, der dem Schüler so etwas wie die Frage signalisiert: *„Na, was machst Du denn da für merkwürdige Sachen?“*

Die Mitteilung, daß eine der o.a. Verhaltensweisen vielleicht nicht schlimm, aber doch unpassend oder hinderlich ist, würde dem Schüler indirekt unterstellen, daß er zu blöd wäre, um zu wissen, wie er sich zu verhalten hat. Indirekte Beleidigung des Schülers in Tateinheit mit meiner eigenen Ahnungslosigkeit.

Daß er nicht in der Nase bohren soll, dies ahnte er ja schon, bevor ich mich anschickte, es ihm umständlich mitzuteilen. Die Frage *„Öl oder Diamanten?“* bewirkt viel eher Verblüffung und die Einstellung sämtlicher Probebohrungen.

„Hilfe, er will mich fressen!“ reduziert das offenherzige Gähnen in der fünften Klasse, und *„Der Siebener oben links braucht ne Füllung!“* reicht als Hinweis in Jahrgang neun.

Greifen Sie zu unkonventionellen Maßnahmen: Werten Sie Schokolade auf dem Schülertisch oder in des Schülers

Hand als großzügiges Angebot, fragen Sie nach der Herstellermarke, kosten Sie ein richtig großes Stück, und bedanken Sie sich anschließend auch kurz dafür.

Legen Sie das Eis am Stiel, mit dem Christian zu Stundenbeginn in den Raum hereinschneit, ganz freundlich und schonend auf den Rand des Waschbeckens. Es ist nicht gescheit, es wegzuwerfen, Christian kann sich nach Stundenende ja noch darum bemühen...

Oder aber sagen Sie einfach gnadenlos freundlich: *„Ich hoffe, wir stören Euch mit unserem Unterricht nicht zu sehr bei Eurem Schlagzeugsolo!“* Dies beendet die 'musikalische' Einlage meist jäh.

Ein solcher Satz ist - variiert - hin und wieder verwendbar.

Sollte er sich als wirkungslos erweisen, s.o....

Des Pudels Kür:
die Klassenfahrten

Hans-Magnus Enzensberger wies vor einiger Zeit darauf hin: Der Mensch ist nur vorübergehend seßhaft, seinem Wesen nach aber durch und durch Nomade.

Ob als Dschingis Khan zu Pferde in Richtung Europa oder als Erika Mustermann im Kadett via Kamener Kreuz nach Nizza, ob mal kurz zum Wiener Opernball oder länger in den Alpenschnee, die Aufzählung ließe sich beliebig erweitern...

In unserem Beruf sind es zunächst die kleineren Wandertags-Fußmärsche oder aber auch Schwimmbad- oder Eisbahnbesuche. Noch mobilere Unternehmungen mit höherem Erlebnis- und Abenteueranteil aber sind schließlich unsere Klassenfahrten. Ganze Horden von Schülerinnen und Schülern bereiten sich schon Monate vorher konditionell auf diese Höhepunkte des Schuljahres vor. Da gibt es nix, was es nicht gibt! Und wir können sagen: *„Wir sind dabei gewesen“* .Schauen Sie nach einer solchen Fahrt nur einmal in den Spiegel, und in neun von zehn Fällen wissen Sie genau:

Es hat sich einfach nicht gelohnt!

Die Nächte wurden wieder mal zum Tage, das Essen war vor allem anderen eine akustische Veranstaltung, im Schwimmbad gabs zwei Verletzte, eine Wespenallergie brach nach erfolgtem Stich zügig aus, die allabendlichen - meist vergeblichen - Paarungsbemühungen Ihrer Schutzbefohlenen zogen sich geräuschvoll bis zu dem Punkt der Nacht, wo Ihnen Smetanas Moldau in den Ohren klang und Sie nach der Nacht mit zwölf Stunden der neue Tag schon erbarmungslos angrinste.

Und so haben Sie, was Ihre Klasse angeht, mitunter nur noch an den Silhouetten der Individuen erkennen können, daß es sich offenbar um Menschen handeln mußte...

Ganz im Ernst und ohne Umschweife: Unser aller Gesundheit und Kondition scheint in den letzten Jahren ebenso nachzulassen, wie so manche Unsäglichkeit und Unzumutbarkeit von Schülerseite auf Klassenfahrten zunimmt. Die Puste droht auszugehen.

Deshalb gehen zwar erst wenige, aber mit der Zeit doch immer mehr Kolleginnen und Kollegen konsequenter vor.

Ich kann mich auf nicht mehr als fünf Leute in dieser Klasse wirklich verlassen.

Eine Klasse, die sich in ihrer Gesamtheit in den Monaten vor der Fahrt katastrophal aufführt, kann nicht verlangen, daß Sie die mit einer Klassenfahrt verbundene Verantwortung tragen. Sagen Sie in solchen Fällen aber sehr frühzeitig klipp und klar, daß Sie nicht bereit sind, auf die große Reise zu gehen. Teilen Sie dies schriftlich dem Elternbeirat und der Schulleitung mit, und holen Sie sich vorher die

Rückendeckung der Klassenkonferenz. Und bleiben Sie in einem solchen Falle stur. Dies ist mitunter keinesfalls leicht, kann aber in Ausnahmefällen aus vielerlei Gründen sich als unumgänglich erweisen.

Sollte man Sie womöglich rechtlich zwingen wollen, so erkundigen Sie sich, ob sie - wie in vielen Bundesländern üblich - veranlaßt werden sollen, vorher schriftlich ausdrücklich auf die Erstattung der Fahrtkosten von seiten des Dienstherrn zu verzichten. Bestehen Sie darauf, von Ihrem Dienstherrn und keinem anderen die Kosten erstattet zu bekommen, und Sie sind somit dienstrechtlich gesehen aus dem Schneider. Der Dienstherr wird einen Teufel tun, und plötzlich ein Füllhorn voller Geld ausschütten. Und da Sie selbst unbestechlich sind und auch kein Sozialfall, nehmen Sie keine milden Gaben von den Eltern der Klasse oder dem Förderverein der Schule an!

Die Klasse ist ja ganz nett, aber einzelne sind völlig unberechenbar

Sollten erhebliche Risiken in der Teilnahme einzelner Katastrophenfälle liegen, so drohen Sie frühzeitig, schriftlich und von der Klassenkonferenz abgesegnet den Ausschluß der Betreffenden von der Fahrt an. Packen Sie unbedingt diese Androhung zu den Schülerakten Und zögern Sie in einem solchen Falle nicht, im Zweifel auch mal gegen den einzelnen zu entscheiden.

Wie oft schon sind Klassenfahrten aufgrund vorhersehbarer Probleme zum Leidwesen aller Beteiligten den Bach hinuntergegangen. Gönnen Sie sich und den anderen aus der Klassengemeinschaft ein besseres und sicheres Gefühl beim Start der großen Reise.

Manche wissen einfach nicht, was geht und was nicht geht.

Vereinbaren Sie mit ihren Schülerinnen

und Schülern im Unterricht und mit den gewählten Klassensprechern und den Eltern offen und fair an einem Elternabend vor der Klassenfahrt, in welchen besonderen Fällen jemand nach Hause geschickt bzw. abgeholt werden muß. Dieser Konsens - von einer breiten Mehrheit getragen - stärkt Ihnen den Rücken.

Und wiederum: Vereinbaren Sie nur das, was Sie auch durchhalten können, und halten Sie sich und die anderen dann auch daran.

Und dann gibt es wieder eine der vielen kleinen, unangenehmen Überraschungen.

Zwischen Himmel und Erde gibt es vieles zwischen gut und böse, was auf einer Klassenfahrt zwar nicht übersehen werden, aber auch nicht mit der promten Rückverschickung beantwortet werden darf.

Kollege A. erlebte einen solchen Fall: Sein Spezialist Marc hatte sich beim ersten Abendessen von elf Wurstplatten stolz die Mailänder Salami unter den Nagel gerissen, eine halbe Stunde danach das Netz der Tischtennisplatte im Garten verscharrt und der eigenen Geltungssucht halber einige Mädchen mit unflätigen Ausdrücken beglückt.

Für Kollegen A. war nach zwei Tagen das Maß gestrichen voll, er krallte sich Marc und teilte ihm - im freundlichsten Ton der Welt - folgendes mit:

„Marc, es gibt da ein paar Probleme, einiges hab ich Dir ja schon gesagt. Die anderen haben sich auch beschwert über Dich, Du verdirbst Ihnen wohl die Klassenfahrt. Ich muß jetzt mit Deinen Eltern reden. Und ich möchte, daß Du dabei bist und selbst am Telefon alles berichtest, was bis jetzt schief gelaufen ist. Und ich sag Dir eins: Sag Deinen Eltern alles, ich weiß ja sowieso, auch von den

anderen, was bis jetzt passiert ist.“

Am Telefon gab es eine kurze Einleitung (*„Guten Abend, Herr Gedaschke, ich muß Sie kurz anrufen, weil hier auf der Fahrt mit Ihrem Sohn einiges so läuft, wie es nicht sein sollte. Ich halte es für richtig, wenn er es Ihnen alles selbst sagt und Sie kurz mit ihm reden können. Danach können wir ja noch ein paar Worte wechseln.“*),
ein mittellanges Geständnis mit zum Teil noch völlig unbekannten und unvorstellbaren Missetaten, gehalten in einem für Marc unüblich netten Tonfall und ein knappes Schlußwort des Kollegen (*„Sie haben ja jetzt einiges gehört, Herr Gedaschke. Ich finde, wir sollten erst mal warten, wie Marc sich in den nächsten Tagen verhält. Ich hoffe, ich muß ihn nicht nach Hause schicken. Falls noch andere, auch kleinere Dinge passieren sollten, würde ich Sie in der nächsten Woche in die Schule bitten.“).*
Und Marc war wie ausgewechselt...

Klassenfahrten bedeuten immer recht viel Streß und Mehrarbeit, wenn ganze Kollegien ihren 50.Geburtstag hinter sich haben, nehmen die Klagen verständlicherweise zu.

Klassenfahrten können - gut und konsequent vorbereitet und durchgeführt - aber, wie Sie es häufig erlebt haben, auch eine Menge positive Auswirkungen haben, sowohl vor als auch nach der Fahrt.

Liefern Sie sich und Ihre Klasse deshalb um Himmels willen nicht ein paar einzelnen Choaten aus, denen Sie nur sehr schwer oder gar nicht beikommen. Dies ist in den allerseltensten Fällen Ihr Fehler, denn für Ihren erzieherischen Langlauf mit dem Schüler fehlt leider oft die von Eltern anzulegende Loipe. Sie haben in solchen Fällen kaum eine Chance, sich im Tiefschnee durchzumurcksen.

Des Pudels Fell: auf dem Hof, in den Fluren und Treppenhäusern.

Dies ist ein dunkles Kapitel, je größer Ihre Lehranstalt ist, desto düsterer.

Gerenne, Gerempel, Geschrei, Gebalge und viele viele andere Verhaltensmöglichkeiten der menschlichen Urgesellschaft brechen sich Bahn. Nicht genug: Lampen im Treppenhaus lassen sich bis zu hundert Mal pro Minute ein und ausschalten, bis der Krug nicht mehr zum Brunnen gehen will. Fenster lassen sich kippen, weit öffnen, aushängen, ausklemmen u.s.w. Eine quietschende Tür scheint manchen Jugendlichen die Aufforderung zur Dauergymnastik zu sein. Was erzähle ich Ihnen, Sie kennens selbst ja gut genug.

Die Übermacht ist erdrückend

In manchen Fällen ist entscheidend, daß

Sie einiges von Gneisenau bis Giap beherzigen: Greifen Sie keinesfalls ein, wenn die Sache aussichtslos ist! Es gibt Situationen, da sind Sie auf jämmerlich verlorenem Posten, und es wäre traurig und lächerlich zugleich, den Helden spielen zu wollen.

Wenn Sie eine große, eingespielte Meute auf dem Hof eigentlich bändigen müßten, aber keinen der Aktivisten kennen, wenn Ihr Schulleiter die Angewohnheit hat, es dabei zu belassen, einem siebzehnmal wegen Rauchens auf dem Hof verwarnten 14jährigen ein achtzehntes Mal mitzuteilen, er dürfe nicht rauchen, wenn viele der Eltern Ihrer Schülerinnen und Schüler völlig unansprechbar sind, dann stecken Sie in einer solchen Situation Ihr wertvolles Haupt einfach ganz ganz tief in den Sand. In dieser Reaktion unseres gefiederten australischen Freundes steckt allemal mehr Weisheit als in den Kubikmetern von Erlassen, die Ihnen weismachen wollen, was Sie zu tun und zu lassen haben.

Holen Sie Verstärkung oder beschränken Sie sich in aussichtslosen Fällen auf ein genaues Beobachten, um später evtl. mit Hilfe von Kollegen nachhaken zu können.

Und falls es dienstrechtlich Probleme geben sollte, so haben Sie sich immer dann völlig einwandfrei verhalten, wenn Sie just im kritischen Moment innerhalb des Ihnen zugewiesenen Aufsichtsbereichs waren, allerdings an einer anderen Stelle, an der es ebenfalls - wenn auch geringere - Probleme gab...

„Kleinigkeiten“

Balgende 13-jährige trennen sich auf Anhieb, wenn Sie sie freundlich bitten, jetzt doch mal mit der Schmuserei aufzuhören.

Die Coladose wird eher aufgehoben, wenn Sie unserm Dosenfan schlicht mitteilen, er habe da etwas verloren, und selbst dann einfach warten.

Das permanente Ein-Aus-Schalten der Beleuchtung ist technisch zu regeln per Einbau einer Schaltung für Treppenhausbeleuchtung.
In Darmstadt zögerte ein Schulleiter, allerdings nur solange, bis er folgenden kurzen Brief eines Kollegen erhielt:

Sehr geehrter Herr Zögerlich,
ich möchte noch einmal auf das Problem mit der Beleuchtung in Fluren und Gängen hinweisen. Als gestern einer meiner Kursteilnehmer einen Stuhl von Raum 36 nach 35 trug, wurde während dieses Transportes das Licht am anderen Ende des Flurs ausgeschaltet. Daraufhin stürzte mein Schüler über eine Tasche und fiel unglücklich auf den mitgenommenen Stuhl. Wir können von Glück sagen, daß es nicht zu erheblichen Verletzungen kam
Die Eltern sind über diesen Fall informiert,da mich der Vater um Rücksprache gebeten hatte. Aus diesem Grund und um nicht evtl. wegen Ignorierung von allseits bekannten Sicherheitsmängeln von Eltern

oder Schulamt belangt zu werden, ist m. E. unbedingt eine 'Treppenhaus-Schaltung' einzubauen.

MfG ...
(evtl. Kopie an Personalrat und Eltern von....)

Streßreduzierung unterwegs:

Gehen Sie „neue Wege"
In manchen großen Schulgebäuden gibt es 'Schleichwege', eher ruhig, fast verträumt, kaum von Schülern umlagert. Sie tun sich etwas Gutes, wenn Sie auf dem Weg vom Lehrerzimmer zum Klassenraum nicht immer da lang promenieren, wo das meiste Getöse ist. Probieren Sie es mal aus.

Gehen Sie zu anderen Zeiten
Fehlen solche alternativen Strecken, so sollten Sie unter Umständen eine zeitliche Ausweichmöglichkeit anpeilen. Allerdings hat die Lösung, das Lehrerzimmer noch

später als eigentlich möglich zu verlassen, einen Riesenhaken: Sie sind dann selbst reichlich unpünktlich und können ein in dieser Hinsicht konsequentes Verhalten von Ihrer Kundschaft auch nicht erwarten. Klassen, deren Lehrer chronisch zu spät kommt, haben eher überproportional üppig am allgemeinen Chaos anteil. Dies fällt dann auch Ihnen wieder auf den Hut.

Probieren Sie es ruhig mal anders herum, gehen Sie ein bis zwei Minuten, bevor Schülerhorden in Richtung Klassenräume pilgern. Es wird Ihnen ein ganz kleiner Teil der Pause, aber u.U. ein mittelgroßer Batzen Streß abhanden kommen.

Des Pudels Schopf: die Oberstufe

Oberstufenschülerinnen und -schüler scheinen in sechs Wochen Sommerferien manchmal wundersam tiefgreifende charakterliche Veränderungen durchzumachen: Wuseligkeit scheint verflogen, gediegene Behäbigkeit greift um sich. Der Punktekampf von Jahrgang 12 und 13 läßt zunächst noch ein Weilchen auf sich warten, die 10-er Hektik scheint vorüber. Dem Himmel seis getrommelt und gepfiffen, mit 'Disziplinproblemen' haben Sies kaum noch zu tun bzw. nur in sehr veränderter Art und Weise.

Fehlt unseren älteren Schülern nicht manchmal die notwendige Reife?

Ein Oberstufenschüler geht davon aus, daß er ein erwachsener Mensch ist. Und dieser grundlegende Irrtum ist das Pfund, mit dem Sie wuchern können und müssen!

Zögern Sie nicht, immer dann, wenn zwischen Anspruch und Wirklichkeit Abgründe sich auftun, dies entsprechend zu benennen:
„Martina, Sie wollen in Ihrem Alter doch sicher wie ein erwachsener Mensch behandelt werden?! (An dieser Stelle empfiehlt sich eine kleine Pause und ein kurzer Blick ins abwartende oder sogar verdutzte Gesicht des Gegenüber.)
Dann verhalten Sie sich bitte auch so!"

Ich habe kein einziges Mal erlebt, daß diese äußerst knäppliche Ansprache völlig ohne Eindruck verhallt wäre.
Lediglich Kollegin C., die sie allerdings mit weitschweifigen Erklärungen garnierte, meinte dann - erklärlicherweise - es habe „nix genutzt". (Auch diese ihre Äußerung formulierte Sie mir gegenüber keinesfalls sparsam kurz...)

Die Klausuren schaffen mich völlig, was soll ich bloß machen?

Die Kurse werden in den nächsten Jahren nicht kleiner, die Schüler schreiben nicht langsamer (oder weniger), und Sie selbst werden auch nicht jünger. Das Elend nimmt noch zu - besonders dann, wenn Schüler flächendeckend statt tiefschürfend schreiben.

Machen Sie sich mal kurz den Spaß, und fragen Sie Ihre Oberstufen-Kundschaft, mit welchem Satz man sich nach der Klausur auf dem Flur begrüßt! Ich wette zehn zu eins: „Wieviel Seiten hast Du denn?" lautet die häufigste Antwort. Und je mehr desto besser, so scheint die verschwommene Qualitätsanalyse zu lauten...

Am besten, ich mache es wie die Kollegin N. in Kassel: Die dreht zu Beginn der Klausur die Heizung weit auf und macht die Fenster dicht.

Mal ganz abgesehen davon, daß die Heizung sich nur noch in den seltensten Fällen von Hand regulieren läßt, begrenzt dies wahrscheinlich doch nur die Menge des Geschreibsels. Ich vermute sehr stark, daß die Kollegin N. beim Korrigieren auf womöglich allerengster Fläche komprimiert von einem äußerst hoch temperierten Blödsinn angegrinst wird.

Es muß doch anders zu vermeiden sein, daß immer wieder ellenlang und kuchenbreit geschrieben wird!

Ist es auch! Beenden Sie gezielt dieses monströse Herangehen - zumindest in jenen Fächern, in denen der Hang zur Ausführlichkeit schier endlos zu sein scheint - folgendermaßen:

1.Geben Sie umfangreiche, durchaus auch schwierige Texte aus. Die Zeit, die fürs Lesen draufgeht, fehlt fürs Schwallen beim Schreiben.

2.Machen Sie sich ruhig auch mal die Mühe, Ihrem Kurs zwei oder sogar drei alternative Textvorlagen anzubieten.
Zum einen mag ein vom Schüler selbst ausgewählter Text zum qualitativ besseren Klausur-Opus verleiten.
Zum anderen schadet das ausführliche Lesen niemandem, denn wer liest, sündigt nicht...

3.Beziehen Sie dann aber jene Aufgabenstellung, bei der es um die Reproduktion des vorgelegten Textes geht, so eng auf Teilaspekte und wenige (u.U. auch recht leicht verständliche) Teilabschnitte des Textes, die womöglich nur ein Viertel oder Fünftel des gesamten Textes ausmachen. Somit ist es eindeutig unzulässig, daß Schüler den Text - sich von Zeile zu Zeile hangelnd - in schlichterer Version abkupfern.

4.Formulieren Sie weitere Aufgabenstellungen ähnlich präzise und eingeengt. Konsequenterweise müssen Sie dann allerdings bei Ihren Korrekturen jene Abschnitte zunächst ausklammern und dann auch leicht negativ werten, denen jeglicher Bezug zu der von Ihnen vorgegebenen Aufgabenstellung fehlt. Dies hat eine enorme erzieherische Wirkung.

5. Verlangen Sie von Ihren Schülerinnen und Schülern eine logisch nachvollziehbare und optisch auf Anhieb erkennbare Gliederung! Dieses Ding muß nicht unbedingt logisch konsequent auf verschiedenen Ebenen angesiedelt sein, auch wenn es sicher wünschenswert erscheinen mag. Aber eine Art 'Inhaltsverzeichnis' sollte jede Klausur enthalten - am sinnvollsten in Form von kurzen, unterstrichenen Zwischenüberschriften über jedem neuen inhaltlichen Abschnitt. Begnügen Sie sich nicht mit jenen drei Überschriften, die den von Ihnen gestellten Aufgaben entsprechen.

Ein Zwang zu einer solch strukturierenden Erarbeitungsweise ist zum ersten pädagogisch äußerst sinnvoll, zum zweiten im Hinblick auf Schwallerei wirksam und schließlich für Ihren eigenen Überblick beim Korrigieren recht zeit- und nervensparend.

6.Praktizieren Sie all dies nicht überfallartig, sondern teilen Sie Ihrem Kurs klipp und klar mit, wie Sie vorzugehen gedenken und warum Sie dies für sinnvoll halten. Achten Sie allerdings sehr sorgsam darauf, daß Ihre Aufgabenstellungen so eingeengt abgefaßt sind, daß beim Schreiben der Klausur keinerlei Zeitnot entsteht. Daß aber einige Vielschreiber ihre Mühe haben werden, sollte Sie nur bestätigen!

Wenn Sie diese sechs o.a. Ratschläge über eine mittlere Strecke praktizieren, werden Sie spüren, daß der Gesamtumfang einer Klausur um mehr als fünfzig Prozent schrumpft und die insgesamt übersichtlicheren Arbeiten in weniger als der Hälfte der üblichen Zeit zu korrigieren sind.

Die meisten Klausuren wären ja akzeptabel, wenn nur nicht diese Unmenge von Formalfehlern zu korrigieren wäre.

Moment mal: Sollten Ihnen Formalfehler (v.a. Rechtschreibung, Zeichensetzung und Grammatik) völlig schnurz und im Hinblick auf die Zukunft Ihrer Schülerinnen und Schüler irrelevant sein, so trennen Sie ruhig weiter konsequent zwischen Schule und späterem Leben. Überschlagen Sie diesen Abschnitt. Geben Sie Ihren Schülerinnen und Schülern eben einfach die Empfehlung, zum Einstellungstest den Computer mit Rechtschreibprogramm mitzunehmen - ebenso zur Examensklausur...

Im anderen Falle aber kann ich nur zu folgendem raten:

1.Seien Sie stur!

2.Genehmigen Sie und empfehlen Sie

wärmstens die Benutzung des Recht-schreib-Dudens während der Klausur.

3. Streichen Sie Formalfehler penibel an, auch wenn Sie selbst hin und wieder nachschlagen müssen.

4. Ziehen Sie ein bis zwei Punkte ab, wenn auf einer durchschnittlich eng beschriebenen Seite mehr als fünf bzw. acht R,Z,G-Fehler auftauchen. Oder wenn andere nennenswerte formale Mängel festzustellen sind.

5. Vermerken Sie ausdrücklich den Punkteabzug. (*Aufgrund der hohen Zahl formaler Fehler wird ein Punkt abgezogen; 8 - 1 = 7 Punkte)*

6. Teilen Sie, wenn Sie Punktespiegel und Durchschnittspunktzahl besprechen, auch jene Durchschnittspunktzahl mit, die ohne Punkteabzüge erreicht worden wäre.

7. Verlangen Sie von jenen, denen Sie einen

oder zwei Punkte abgezogen haben, eine komplette Berichtigung der Klausur.
Ja, das riecht nicht nur gewaltig nach Mehrarbeit für Sie selbst, das ist es auch!

Aber bedenken Sie eines: Die meisten jener Schülerinnen und Schüler machen die Berichtigung äußerst ungern. Meine persönliche Statistik beweist zweierlei:

a) Entweder der Betroffene vertieft sich in seinem hohen Alter noch mal z.B. in den erweiterten Infinitiv bzw. ein bis zwei wichtige Regeln der Zeichensetzung (was meist schon ausreicht, um Fehler entscheidend zu reduzieren).

b) Oder er ergreift die Flucht und wählt den Kurs bei einem Kollegen oder einer Kollegin, die dankenswerterweise diese Seiten überschlagen haben und der deutschen Sprache einen äußerst weit gefaßten Artenschutzbegriff angedeihen lassen, was alle möglichen Kuriositäten fördert....

In beiden Fällen war Ihr Handeln nicht ganz erfolglos und gewiß schon mittelfristig arbeitssparend.

Aus dem Auge lassen sollten Sie überdies keinesfalls, daß meist in der Oberstufe weniger eine Themenwahl als eine Personenwahl stattfindet, wenns um die Belegung der Kurse geht.

Tun Sie also etwas für Ihren guten Ruf.

Wenn Sie in dieser Richtung konsequent arbeiten, gute Schülerleistungen durchaus sehr großzügig bewerten und die katastrophal schwachen nicht künstlich hochpäppeln, werden Sie eines feststellen: In Ihren eigenen Kursen finden sich mehr und mehr leistungsstarke Schülerinnen und Schüler.
In manch anderem Kurs der KollegIn GymnasiastInnen-RetterIn sitzen Martin, Anja, Thomas und Ulrike mit ihren überschaubaren Kenntnissen, ihren

stagnierenden Fähigkeiten und der schier endlosen Masse ihrer die LehrerIn betörenden FormalfehlerInnen.
Und haben Sie bloß kein schlechtes Gewissen: Die vier werden ihr Abitur dort mit der Durchschnittsnote 2,1 bestehen. ...

In meinem Kurs sitzt eine Schwallmamsell, wenn die mal angefangen hat zu reden, kriegt die ihre Raffel nicht wieder zu!

Und Ihr Kurs sitzt meist beeindruckt im Gelände und schweigt, wenn der längliche Beitrag der hochverehrten Rednerin nur geschwollen genug daherpromeniert und jegliche innere Struktur hinter Massen von Fremdwörtern sich unauffindbar versteckt. Nervtötend! Was tun?

1.Geduldig zuhören, womöglich gegen alle inneren Widerstände. Freundlich und locker bleiben, denn die Schauspielerei war Ihr wichtigstes Nebenfach während der

Ausbildung!

2.Bitten Sie einen Kursteilnehmer, den üppigen Beitrag seiner Vorrednerin kurz zusammenzufassen. Wenn er nicht dazu imstande ist, bekennen Sie freimütig, daß auch Sie selbst dazu nicht in der Lage sind. Fordern Sie deshalb der Klarheit halber Ihre Schwalltante auf, ihre Darlegungen selbst noch einmal knapp zusammenzufassen, damit diese für den Unterricht genutzt werden können...

Anderes, als dies einige wenige Male im Laufe der ersten Wochen eines Kurshalbjahres zu wiederholen, ist in aller Regel nicht erforderlich...

Manchmal dauert es schon eine Viertelstunde, bis alle eingetrudelt sind.

Oberstufenschülerinnen und -schüler zählen sich anscheinend recht häufig zu den älteren Herrschaften mit reduzierter

Geschwindigkeit. Ich habe dies oft selbst beim Treppensteigen in den dritten Stock beim Überholen feststellen müssen.

Machen Sie sichs zu Stundenbeginn einfach, stellen Sie rasch die Anwesenheit fest, und beginnen Sie dann zügig mit dem Unterricht. Kommt jemand zu spät, so geben Sie ihm möglichst gleich mit seinem Eintritt in die heiligen Hallen des Unterrichts die Möglichkeit, zu dem soeben in seiner Abwesenheit Besprochenen Stellung zu nehmen.

Meist reicht dies aus. Manchmal werden Sie aber mit einer derartig scheinheiligen Entrüstung konfrontiert, als seien Sie schuld am Zu-Spät-Kommen und nicht unser Herr Lahmsieder. Ihnen ist klar, daß Sie den Klassenraum ja gar nicht - aus altersbedingter Zerstreutheit - von innen abgeschlossen haben (In Ausnahmefällen ist auch dies keine schlechte Idee!). Deshalb machen Sie dem Betreffenden deutlich, daß die Möglichkeit der mündlichen Leistungsverbesserung schon mit Beginn der Stunde genutzt werden sollte.

Im äußersten Falle bitten Sie den hartnäckigen Wiederholungstäter ganz freundlich, den Raum nach Unterrichtsbeginn nicht mehr zu betreten, weil dies störe:

„Sie sind volljährig und ganz aus freien Stücken hier an der Schule. Niemand, auch nicht Ihre Eltern, kann Sie zwingen, hier zum Unterricht zu erscheinen. Deshalb sind Sie und niemand anders für die Konsequenzen Ihres Handelns verantwortlich: Kommen Sie also bitte zukünftig pünktlich oder bleiben Sie ansonsten gleich draußen.“

Wenns um die mündliche Mitarbeit geht, ist der Kurs ja ganz gut, aber die Hausaufgaben werden offenbar für völlig unwichtig gehalten.

Dies kann viele Gründe haben. Banalerweise zuallererst vielleicht den, daß Sie selbst das Gewicht der Hausaufgaben zu gering veranschlagen.

Bewerten Sie die Leistungen in einer einzigen Klausur höher als die von etwa drei oder vier Hausaufgaben? Damit würden Sie signalisieren, daß Ihnen vereinzelte Glanzlichter mehr bedeuten als eine gute kontinuierliche Mitarbeit.

Lassen Sie schriftliche Hausaufgaben seit langer langer Zeit immer nur vorlesen? Dann wette ich mit Ihnen, daß bei einigen dieser Werke die Tinte beim Vorlesen kaum trocken ist und am Poppes des Vorlesenden noch der Staub der Treppe klebt. Lassen Sie hin und wieder - überraschend - die Hausaufgaben mündlich vortragen. Bei geschlossenem Ordner versteht sich. Und bohren Sie evtl. nach.

Manche machen die Hausaufgaben so gut wie nie, einer kommt, glaube ich, deshalb zu spät, weil er nicht drankommen will bei den Hausaufgaben.

Hier bietet sich für Sie ein reichhaltiges Betätigungsfeld. Wer zu spät kommt, so Gorbatschow, ist geradezu prädestiniert dazu, die Hausaufgaben umgehend mündlich vorzutragen bzw. gleich den ganzen Ordner abzugeben. (In der Oberstufe scheinen diese Ordner von Schülern weithin gewissermaßen zu ihren allerengsten Intimssphäre gerechnet zu werden!)

Wer sich derart ausruhen konnte, tagelang genügsam ohne Hausaufgaben auskam und dann noch zu spät kommt, der hat auch Energie-Reserven für die Lösung der diffizilsten Probleme bei den dann folgenden Unterrichtsschwerpunkten angesammelt.
Sagen Sie ihm dies ruhig, ganz offen, deutlich und freundlich, und testen Sie

dann die vorhandene Leistung gründlich, aber fair. Machen Sie deutlich, daß es Ihnen um die Einhaltung notwendiger Grundregeln geht.

Das mit den Referaten haut einfach nicht hin!

Daran zweifelt kaum jemand. Nichts Öderes als ellenlange, monoton abgelesene, inhaltlich wirr strukturierte, einschläfernde Beiträge!

Und wenn der Referent oder die Referentin, seit Monaten schweigsam wie ein Guppy, sich Ihnen sechs Wochen vor den Zeugnissen mit einem - womöglich bereits fertiggestellten - Referat andienen will, dann schleicht da eine Nachtigall in Metallschuhen an Sie heran. Bauen Sie solchen Eseln nicht derartige Brücken - Sie und der gesamte Kurs werdens büßen müssen.

Deshalb:
1.Rezept: Verzichten Sie auf Referate!

2.Rezept: Wenn schon, denn schon!

a)Von jedem Referat ist eine Woche vor dem Vortrag eine angemessene Gliederung abzugeben.

b)Jedes Referat sollte völlig ohne Blatt oder Spicker in der Hand gehalten werden. Das klingt erstmal grausam, muß es aber nicht sein. Denn wer referiert, kann sich Gliederung, Stichworte oder auch alles andere, was das Herz begehrt, vor Beginn der Stunde an die Tafel schreiben. Und sich dann beim Vortragen - evtl. von der Seite des Klassenraumes her - zunutze machen. (Alternative: Folie)

c)Bewerten Sie jedes Referat gleichgewichtig unter drei Aspekten:

1.Inhaltliche Qualität
2.Qualität des Vortrags
3.Nutzen für den Unterricht

d)Fragen Sie hartnäckig nach, wenn ein äußerst schwacher Schüler des elften Jahrgangs im Fache Gemeinschaftskunde etwa ganz beiläufig von „reduzierten Rediskontkontingenten" referiert. Geben Sie ihm die Möglichkeit zu beweisen, daß solches auf seinem eigenen Dung gewachsen ist.

e)Teilen Sie Ihrem Kurs mit, welche Anforderungen an Referate Sie stellen, bevor Sie auch nur ein einziges vergeben. Wer dann dennoch eines halten möchte, gehört - von der Leistung her gesehen - wahrscheinlich nicht zum Mittelfeld des Kurses.

Der Kurs ist nett, aber wie der Jens sich spreizt, das geht auf keine Kuhhaut.

Hier sind erfahrungsgemäß unterschiedliche Reaktionen Ihrerseits möglich. Fördern Sie die ruhigeren Schülerinnen und Schüler, diejenigen also, die Sie

ohnehin fördern sollten, vielleicht etwas deutlicher als sonst.
Und geizen Sie mit Bestätigung bei Jens. Fragen Sie ihn eher beiläufig am Ende der Stunde, ob er sich u.U. nicht besser in den Unterricht integrieren könne. Sagen Sie ihm ruhig, daß der Kurs ihm das sicher positiv anrechnen würde. Meist hilft dies schon etwas.

Jens ist im Grunde nicht ansprechbar, er will offenbar so eine Art Machtprobe

Sie müssen sich entscheiden.
Zum einen kann niemand Sie zu einer Auseinanderstezung zwingen - zum Streiten gehören zwei, einer allein reicht nicht. Insofern sind Sie in der stärkeren Position. Deshalb können Sie Jens ganz sachlich und freundlich mitteilen, daß Sie den Eindruck haben bzw. sich manchmal wundern über die eher unerklärlichen Konflikte mit ihm. Sie wüßten nicht, warum dies so sei, er solle doch mal selbst

nach den Gründen schauen. Sie selbst hielten es jedenfalls für wenig gescheit, immer wieder darauf einzusteigen. Das mache keinen Sinn.

Teilen Sie dies Jens am besten in der Pause mit, bitten Sie ihn ruhig, jemand anders aus dem Kurs noch hinzuzunehmen.
Ist Jens kein Streithammel, werden Sie wahrscheinlich eine Wendung zum Guten beobachten können.
Anders, wenn doch. Sie müssen auch dann nicht darauf einsteigen, auch nicht, wenn der ganze Kurs grienend lauert. Sie wissen ja, daß solche Schaukämpfe mitunter großen Unterhaltungswert haben! Und außerdem die liebe Unterrichtsarbeit ein Stück in Richtung übermorgen verlagern.
Aber wenn Sie finster zum Kampfe entschlossen sind, kann ich Ihnen nur raten, den Konflikt hart und fair zu führen, sich warm anzuziehen und folgendermaßen vorzugehen:
♓❑⌘◆❑❑✓❑✓♓❑❑&●♌■&♏
♑♏♒◆❑♌♋♎⬥◆♎◆♍❖♌♎♐⌘
⌨🗀

◆⧫❑♒❖♒♑⧫♒⧫⌘♒♏♌♑❖♌❖
❖♌❑🙵◆◼🙵✓◼◻🖃🖃🡐🗀🡐🖰ℓ📷
♒⌘◆▯▯⌛♏❑♏♐♑♑♐▤▥▯⌛⧫♎♐
▤▤▯▯◆⧫♑♑▥◆⌘▯⌛◆❑♑♒♐♑♒
❑♌■♏♎◆♑♎❑⧫⧫♎♐♌◆◻♒◻◆
🙵♓◻✓❍✓◻⬈📫
⬈🡐⬋◻●⌘◆🖮▯⌛♏❑▥▤⧫♏▤♌♍♒
♑♏⧫⌘▥❑♒♐♒⧫♒♓◼◻🗀◼🗀🡐
▥🗁●⬈♎⧫◼🗁▤⮹🖫⧫♋❑⮽

Tina scheint meist unterwegs zu sein, sie fehlt die Hälfte aller Stunden, aber wenn sie kommt, glänzt sie.

Ein heikles Kapitel mit oft vielfältigen Ursachen: allgemeine Schulmüdigkeit, familiäre Probleme, Desinteresse am Kurs u.v.m. Wenn Sie mit Tina reden können und auf diese Weise weiterkommen, ist es gut.

Wahrscheinlich kennen Sie aber aus Ihrer langjährigen Arbeit auch diese Fälle der sporadischen Genies, die selten kommen und oft gehen, und, wenn Sie anwesend sind, kurz - was die mündliche Mitarbeit angeht - eine Wunderkerze abfackeln, um danach wieder unterzutauchen. Ich muß offen gestehen, daß ich mich wundere, daß manche Kolleginnen und Kollegen in solchen Fällen mit 7 oder 8 Punkten um sich werfen.

Kollege A. ist konsequenter. Seine Art der Benotung - jeder Kurs wird vorab darüber exakt informiert - schaut folgendermaßen aus:
„Nach jeder Stunde trage ich jedem Schüler kurz eine mündliche Note in die - jederzeit in der Pause einsehbare - Notenliste ein. Das kostet ein bis zwei Minuten, spart aber jede Menge Ärger. Wer fehlt, erhält einen Strich eingetragen, wer aus welchen Gründen auch immer leistungsmäßig in der Hängematte liegt, erhält eine 6. Physische Anwesenheit allein reicht nicht, unentschuldigte Abwesenheit kann nicht mit einer besseren Note als 6 gewertet werden.

Plausibilität, Pfiff und eine gehörige Portion Fairneß erhält das Verfahren mit folgender Zusatzregelung: Wenns um die Errechnung der Halbjahresnote geht, streiche ich bei jedem Schüler die drei schlechtesten der notierten Bewertungen, diese gehen nicht in die Gesamtnote ein. Wer immer da ist, aber mal einen Durchhänger hat, kommt gut dabei weg. Wer mehr als dreimal unentschuldigt fehlt, sieht alt aus."
(Kollege A. läßt es sich natürlich nicht nehmen, derartig seltene Erscheinungen zum einen auch danach zu fragen, was in den Stunden zuvor behandelt wurde, und zum anderen auch die schriftlichen Erarbeitungen im Ordner auf Qualität und Vollständigkeit hin zu überprüfen.)

Kann sein, daß in unserem Falle Tina nicht erreichbar ist. Mag aber auch sein, daß sie eine sehr verbindliche Aufforderung zur kontinuierlichen Mitarbeit benötigt.

Allerdings brauche ich Ihnen nicht zu

verdeutlichen welch negative Auswirkungen Tinas Kommen und Gehen auf die anderen in Ihrem Kurs und Ihr eigenes Image bei den Schülerinnen und Schülern haben kann.

Carmen schneidet sich im Unterricht die Haarspitzen

Fragen Sie den Kurs, ob alle bereit sind, für einen Friseurbesuch zu sammeln, es scheine sich um einen dringenden Fall zu handeln.

Luca lümmelt sich so auf dem Stuhl, daß in absehbarar Zeit die Füße die Spitze seines Eisbergs bilden werden.

Fragen Sie ihn besorgt, ob er Probleme mit seinem Rücken habe, Ihnen sei seine etwas steife Haltung im Flur neulich schon aufgefallen.

Ines malmt Kaugummi.

Ganz sicher der längste aller Dauerbrenner! Zumindest, wenns Ihnen nicht piepegal ist. Teilen Sie dem Kurs mit, daß niemand unter Doppelbelastung leiden und sich deshalb jeder zwischen Kauen und mündlicher Mitarbeit entscheiden solle. Eskalieren ist hier weniger gefragt als Beharrlichkeit: Wer malmt und sich zugleich meldet, den nehmen Sie ruhig beim vierten oder fünften Melden mit den Worten dran:

„Ines! Aber kauen Sie doch bitte erst mal fertig und leeren Sie Ihren Mund, bevor Sie was sagen! Erst kann die Caroline ja mal Stellung nehmen."

Katrin, 18, geizt nicht mit ihren weiblichen Reizen: Sie als Lehrer sitzen am Pult, Katrin steht direkt Ihnen gegenüber,beugt sich weit vor in ihrer offenherzigen Bluse, stützt sich dabei der Gemütlichkeit halber mit beiden Händen

.auf dem Pult ab, und bietet Ihnen - mit sichtlichem Vergnügen - tiefe Einblicke an.

Schauen Sie Ihr tief und vertrauensvoll in die Augen, und teilen Sie Ihr freundlich mit, daß es hier in der Schule nicht um die Einblicke des Lehrers, sondern um den Durchblick der Schülerinnen und Schüler geht. Und belassens Sie es dabei.
Daß Sie sich in Ihrer Lage keinesfalls versprechen sollten, wissen Sie selbst sicher nur allzu gut...

Max behält im Unterricht die Mütze auf.

Fragen Sie, ob er für die laufende Stunde noch Niederschläge erwartet.

Knappes Schlußwort

Vieles ließe sich noch hinzufügen. Und der geneigte Leser bleibt aufgefordert, dem Verfasser über den Verlag allerlei wichtige weitere Hinweise zukommen zu lassen.

Unser Schulalltag ist bunter, als es sich jede Phantasie erträumen läßt. Manchmal grellbunt, zu bunt. Für solche Fälle mag manche und mancher diesem Büchlein die eine oder andere Anregung entnehmen.

Empfohlen seien im allgemeinen Falle homöopathische Dosen, im besonderen auch schon mal Kombinationspräparate.

Aber bedenken sollten Sie versöhnlicherweise am Schluß der Lektüre unbedingt: Die Zwiebel mag ein ausgezeichnetes Pflänzchen sein, für sich allein gerät sie eher tränenreich.

Wenn eine Klasse oder ein Kurs in Ihrem Unterricht nie stöhnt, Sie selbst dagegen häufig, dann machen Sie vieles falsch.

Wenn unter Ihrer Fuchtel eine Klasse oder ein Kurs nur noch stöhnt, und dies auf Dauer, und Sie selbst darüber womöglich feixen, dann ist ein energiegeladener Bumerang auf dem Weg zu Ihnen zurück...

P.S.: Und nochmal, wie es schon im Vorwort steht:

Falls Sie weitere nützliche Vorschläge zu einer zweiten Auflage beisteuern wollen, schreiben Sie bitte an den Verlag !